NOUVEAUX APERÇUS

SUR LE

VOCALISME INDO-EUROPÉEN

PRÉCÉDÉS

D'UNE ANALYSE CRITIQUE DES SYSTÈMES
ACTUELLEMENT EN VIGUEUR

PAR

P. REGNAUD

MAITRE DE CONFÉRENCES A LA FACULTÉ DES LETTRES DE LYON

LYON

IMPRIMERIE PITRAT AINÉ

4, RUE GENTIL, 4

1883

NOUVEAUX APERÇUS

sur le

VOCALISME INDO-EUROPÉEN

PRECEDES

D'UNE ANALYSE CRITIQUE

DES

SYSTEMES ACTUELLEMENT EN VIGUEUR

Cet opuscule est le résumé préalable des leçons que je me propose de faire sur le vocalisme indo-européen, si les idées dont elles découlent reçoivent l'approbation des savants. Ainsi s'en expliquent le tour et l'économie.

I

Cette année, Messieurs, nous reprendrons nos études sur le vocalisme indo-européen, examiné principalement dans le sanskrit et les deux langues classiques, le grec et le latin. Je me propose de vous soumettre des faits qui semblent de nature à jeter un nouveau jour sur quelques points importants du domaine scientifique que je viens d'indiquer, et, en particulier, sur l'identité d'origine, au moins dans la plupart des cas, de l'*ò* et de l'*o* dans l'ensemble de la famille aryenne et par suite de l'*î* et de l'*i*, qui en dérivent par l'intermédiaire de l'*ú* et de l'*u*. Ce point de vue, autant que je sache, est neuf ; en tous cas, il diffère essentiellement des théories qui ont été adoptées jusqu'ici, d'une manière plus ou moins générale, sur ces difficiles questions. Il en découle pour moi une tâche préalable qui consiste à analyser rapidement ces théories et à vous indiquer les principales objections qu'elles encourent. Ce sera du même coup justifier mes efforts pour y substituer une conception nouvelle qui me paraît simultanément conforme aux faits que nous examinerons et aux lois générales du langage.

Le système d'explication et de classification du vocalisme indo-européen qui est à la fois le plus ancien et le plus célèbre, est celui que Bopp emprunta dans ses données générales aux grammairiens hindous et auquel Schleicher a fourni sa formule rigoureuse et définitive. Indiquons-en les traits principaux.

L'aryen ou l'indo européen primitif, d'où sont dérivés les différents dialectes qui en composent la famille, possédait trois voyelles fondamentales, *a, i, u*, dont la combinaison avec *a* et *a + a*, ou *â*, a donné naissance à des voyelles dites *renforcées* de deux degrés (*guṇa* et *vṛddhi* des grammaires sanskrites). L'ensemble de ces combinaisons est représenté par le tableau suivant.

ÉTAT SIMPLE	PREMIER RENFORCEMENT	DEUXIÈME RENFORCEMENT
a. . . .	$a + a = aa$	$a + aa = âa$
i. . . .	$a + i = ai$	$a + ai = âi$
u. . . .	$a + u = au$	$a + au = âu$

Les différents signes simples ou complexes, qui figurent à ce tableau sont les prototypes d'où dérivent dans la plupart des cas, et moyennant certaines modifications sur lesquelles nous n'avons pas à nous arrêter, les voyelles brèves, les longues et les diphthongues de toutes les langues d'origine aryenne.

Ce système, qui a eu presque force de dogme jusqu'à ces dernières années, soulève tout d'abord deux objections préjudicielles
auxquelles il est impossible de ne pas attacher une grande importance.

La première, c'est que, comme je l'ai déjà dit, il est emprunté
presque de toutes pièces à Pânini et aux écoles grammaticales
de l'Inde ancienne. Or, si Pânini, et ses prédécesseurs comme
ses disciples, ont été de sagaces observateurs et de patients
analystes, s'ils ont excellé à grouper des faits extérieurement
identiques sous des étiquettes conventionnelles dont le grand
mérite, pour l'enseignement oral d'une science aussi compliquée
que celle de la grammaire sanskrite, consistait à permettre
d'en résumer les principes dans une série de brèves formules,
merveilleusement adaptées à la mnémotechnie qu'exigeaient de
semblables conditions ; il faut bien reconnaître en même temps,
que tout leur savoir est purement empirique, qu'ils n'ont jamais
cherché les raisons profondes de la relation des phénomènes
soumis à leur examen, qu'ils ne se sont jamais élevés à des
conceptions supérieures aux faits, et surtout qu'ils ont manqué
d'éléments de comparaison et d'explication empruntés aux
langues congénères, dont ils ignoraient, sinon l'existence, du
moins la parenté avec le sanskrit. Pour que, dans un pareil état
de choses, ils eussent découvert le véritable système vocalique indo-européen, il eût fallu que le sanskrit reflétât ce système avec une transparence et une fidélité qui ne sont ni vraisemblables, ni démontrées par les recherches de la science
moderne.

Une seconde objection, préalable à toute étude des faits,
résulte des conséquences mêmes qu'entraîne la théorie du renforcement vocalique entendue, du moins comme elle l'a été
en Europe. Il est douteux, en effet, que les Hindous aient attaché
quelque importance, ou qu'ils aient même réfléchi, à la question
connexe de la chronologie relative des formes. Peu leur importait de savoir si un mot *cit-ta*, par exemple, était antérieur ou
non à *cet as*. L'essentiel pour eux était de ramener l'un et l'autre

à une base hypothétique *cit*, qui rendait compte de leur commune origine, moyennant certains changements réguliers dont
ils donnaient la formule. Un pareil procédé semblait bien impli-
quer le caractère postérieur de la forme la plus éloignée de l'aspect sous lequel on présentait la racine ; mais je ne saurais trop
répéter que les règles grammaticales des Hindous, leur phra-
séologie technique sont avant tout des instruments d'abréviation
et de concaténation, et que c'est certainement aller au delà
de l'horizon de leurs auteurs d'en tirer des conséquences qui
dépassent ce but d'ordre exclusivement pratique.

Les savants d'Europe ne pouvaient rester dans ces étroites
limites. Pour eux, l'admission d'une racine *cit* n'était pas une
simple notation algébrique servant de point de repère pour le
groupement de phénomènes connexes. Bopp et son école virent
dans les racines en général, et dans *cit* en particulier, l'embryon,
ou plutôt la souche très réelle et très virtuelle, de la série de
formes, ou de la famille de mots, qu'ils y rattachaient à titre de
rejetons ou de dérivés.

Les conséquences logiques d'une semblable manière de voir
sont claires : *cetas*, descendant de *cit*, lui est postérieur, et la
diphthongue $e = ai$ de l'aryen primitif est un développement
de *i*, un *i renforcé* ou élevé en quelque sorte à sa première
puissance.

Mais un pareil fait, comme tous ceux qui se rattachent au
renforcement vocalique ainsi compris, est en contradiction
formelle avec la loi la plus certaine et la plus constante du
langage, une loi qu'ont reconnue et proclamée à l'envi les plus
célèbres disciples du maître, Curtius aussi bien que Max Muller,
celle de l'affaiblissement graduel des éléments vocaux ou des
phonèmes, qu'il s'agisse de voyelles ou de consonnes. On a cru,
il est vrai, pouvoir concilier cette antinomie en supposant une
période de croissance du langage à laquelle correspondrait le
renforcement, suivie d'une période de dégénérescence et d'usure
dont l'affaiblissement serait la conséquence naturelle. L'hypothèse est ingénieuse, mais elle est gratuite. Quant à moi, je pense

que tout essai de démonstration serait, en pareille matière, également vain et également oiseux. Il est extrêmement vraisemblable, en effet, que dès l'origine du langage, son développement a été dirigé par le principe de la moindre action (dont l'affaiblissement des éléments vocaux est le signe spécial) coordonné avec les conditions physiologiques que l'homme a traversées, ou même régi par elles.

Quoi qu'il en soit, arrivons aux faits et examinons s'il n'est pas possible, aussi bien que rationnel, de les interpréter dans un sens qui s'accorde avec la tendance générale du mouvement phonétique dans les langues aryennes. en un mot, avec l'affaiblissement. J'emprunterai mes exemples au sanskrit, et cela pour une raison qui me semble péremptoire, c'est que le sanskrit est de tous les dialectes indo européens celui qui semble le plus favorable à la théorie du renforcement ; les démonstrations faites sur ce terrain vaudront donc *a fortiori* pour les idiomes congénères.

D'après les grammairiens de l'Inde et l'école de Bopp, un substantif *ksaya*, destruction, est formé de la racine *ksi*, détruire, élevée au renforcement du premier degré *(guṇa)*, et du suffixe *a;* d'où *ksai-a*, et, avec la transformation euphonique de *i* en *y* devant une autre voyelle, *ksaya*.

Mais si, amenés par les motifs de doute que j'exposais tout à l'heure à chercher une autre explication de l'origine de *ksaya*. nous remarquons que ce mot est phonétiquement parallèle à *ksaya-ti*, troisième personne sing. du présent de l'indicatif de la racine *ksi* conjuguée à la voix active, combien ne nous semblerat-il pas plus satisfaisant et plus en harmonie avec l'ensemble des phénomènes linguistiques de dire qu'en réalité nous avons de part et d'autre la combinaison d'une racine *ksa* et d'un suffixe *ya*, d'où la forme thématique *ksaya* ? Cette hypothèse sera confirmée d'ailleurs, tant par l'existence de cette même racine *ksa* avec un sens analogue dans *ksa-ṇo-ti*, que par celle du suffixe *ya* dans une foule de formations secondaires, et particulièrement aux temps spéciaux des verbes de la quatrième classe, parmi lesquels rien n'empêche de ranger *ksa-ya-ti*. Quant aux formes comme *ksi na-ti, ksi-no-ti, ksi-na*, etc., rien ne nous empèchera non plus, si nous n'avons pas le respect superstitieux des classifications hindoues, de les considérer comme de nouveaux développements, au moyen des suffixes *na, no*, du thème *ksaya*, contracté en *ksi*, en vertu d'une sorte d'application linguistique de la loi d'équivalence des forces, qui fait qu'un organe n'acquiert de membres nouveaux qu'aux dépens de ceux qui existent déjà.

Une explication absolument identique nous rendra compte de la formation de *cheda*, fente, auprès de la racine *chid*, fendre. *Cheda* doit très vraisemblablement s'analyser en *cha-ya-da*, thème complexe à la base duquel nous trouvons une racine *cha*, que nous sommes autorisés à considérer comme identique à *ksa*[1], tant à cause de l'analogie significative et de la parenté bien connue des palatales et des gutturales qu'en raison des intermédiaires *kheda* et *caya*.

Toutes les formes qui se rattachent par l'élément vocalique [du radical à la série de l'*i* sont susceptibles d'explications analytiques du même genre. Voyons s'il en est ainsi de celles qui appartiennent à la série de l'*u*.

De même que *ksaya* nous est donné comme le résultat du renforcement de *ksi*, *rava*, bruit, cri, proviendrait du renforcement au premier degré de la racine *ru*, crier, d'où *ro* ou *rau*, thème auquel se serait ajouté le suffixe *a* pour donner le substantif *rava*.

Eh bien, ici, comme tout à l'heure, le parallélisme de *rava* et de *ravî-ti*[2] (ou, moyennant une contraction *râu-ti*), troisième personne singulier du présent de l'indicatif de cette racine conjuguée à la voix active, nous porte à voir dans l'une et l'autre forme le développement d'une racine *ra*, ou *(k)ra*, au moyen du suffixe *va*, d'un emploi si fréquent dans tout le

---

[1] Dont couper est l'acception primitive,

[2] La présence de l'*i* dans les formes védiques comme *tavî ti, ravî-ti* etc, sera expliquée plus loin.

domaine des langues aryennes. Nous pourrons d'ailleurs d'autant mieux expliquer le participe passé *ru ta*, et les dérivés où le vocalisme se présente sous le même aspect, comme une contraction de *rava ta* ou *'râva-ta* que l'existence, et par conséquent la possibilité, d'une contraction semblable est attestée par le parfait *ru-râva* où la voyelle de la syllabe redoublée est bien évidemment issue de *âu* ou *âva*. Comment croire, en effet, surtout si l'on tient compte des lois qui régissent le redoublement en sanskrit et en grec, que la partie redoublée de la racine nous en offrirait la forme primitive et pure, tandis que le noyau radical aurait subi l'altération spéciale appelée renforcement ?

Si maintenant nous rapprochons le substantif *çravas*, bruit, son, de la racine *ru*, c'est-à-dire *ra-va* ou *râ-va*, en n'oubliant pas l'étroite parenté qui existe entre la sifflante palatale *ç* et la gutturale *k*, nous conjecturerons d'une manière très légitime que *çravas*, pour *'kra-va-s*, est de la même famille que *ru*, pour *kru*, comme *râhu* est pour *grâhu*, c'est à-dire que l'ancienne gutturale initiale est tombée, comme le fait a eu lieu si souvent devant *r*. Partant de là, nous considérerons la racine *kruç*, crier, d'où le substantif *kroça*, cri, la troisième personne singulier du présent de l'indicatif actif *kroça-ti*, il crie, etc., comme un développement, au moyen d'un suffixe à gutturale, de *ru* — *kru*; et nous verrons, en conséquence, dans les dérivés précités des formes contractées pour des antécédents plus amples, *'kra-va-ca*, *'kra-va-ca ti*, etc.

Il serait inutile de multiplier les exemples, et nous pouvons répéter, à propos de la série de l'*u*, ce que nous affirmions tout à l'heure pour la série de l'*i*, à savoir que toutes les formations qui en dépendent sont susceptibles d'une semblable explication.

Je n'insiterai pas en ce moment sur la série de l'*a* qui ne comporte que les deux termes *a*, *â*, parce que le parallélisme qu'on a voulu établir entre cette série et les précédentes est artificiel et qu'en général l'origine de l'*â* est sans analogie avec celle de l'*e (ai)* et de l'*o (au)*. J'aurai, du reste, l'occasion d'in-

diquer plus tard qu'ici comme ailleurs on peut substituer à
l'hypothèse du renforcement des aperçus beaucoup plus plau-
sibles.

II

Comme il est facile de le penser, les graves objections qu'entraîne cette hypothèse, surtout quand on en cherche la confir-
mation en grec, en latin et dans les autres branches de la famille
aryenne, ont été signalées depuis longtemps. Ce n'est pourtant
qu'à une époque assez récente qu'on a tenté de substituer une
nouvelle théorie du classement des racines, au point de vue
du vocalisme, et des conditions d'origine de certaines voyelles,
à celle que Bopp et Schleicher avaient fondée et accréditée.

En ce qui regarde les racines, ou du moins un grand
nombre d'entre elles, la nouvelle école (qui a pris naissance en
Allemagne, mais qui compte déjà comme promoteurs en France,
M. de Saussure et M. L. Havet, professeurs attachés, le premier,
à l'école pratique des Hautes Études, l'autre, à la Sorbonne), au
lieu de voir dans les différents états du vocalisme des dérivés
d'une même racine, des formes présentant ou non le renforcement, ce qui, comme nous l'avons vu, implique l'idée d'un développement *crescendo* des voyelles primitives, suppose, sans rien
préjuger sur leur rapport chronologique, deux manières d'être
du radical, l'une forte et l'autre faible, celle-ci correspondant
aux racines pures de Bopp, et celle-là aux formes modifiées par
le renforcement. C'est ainsi, qu'adoptant l'aspect vocalique sous
lequel les racines indo-européennes apparaissent en grec (nous
dirons tout à l'heure pourquoi) on établit, à titre de para-
digmes, les séries suivantes :

	FORMES FORTES	FORMES FAIBLES
Série *ei, i*, à voyelle finale.	*ei,*	*i*, aller.
	kei,	*ki*, être gisant.
Série *eu, u*. — —	*sreu,*	*sru* , couler.
Série *er, r*, à liquide-vocalique finale.	*bher,*	*bhr*, porter.

Série *en*, *n*, a nasale-vocalique finale.   *men*,   *mn*, penser.
Série *ei*, *i*. à voyelle interne.   .   .   *deik*,   *dik*, montrer.
Série *eu*, *u*.   —   —   .   .   *bheugh*,   *bhugh*, courber.
Série *er*, *r*, a liquide-vocalique interne   *derk*,   *drk*, voir.
Série *en*, *n*, à nasale-vocalique interne   *bhendh*,   *bhndh*, lier.

Un simple coup d'œil jeté sur ce tableau fait voir que la différence qui existe entre les deux formes consiste dans la présence (à la forme forte) ou l'absence (à la forme faible) de l'élément vocalique *e*. Ce rapport parfaitement régulier se manifeste même dans les cas où *e* est le signe unique de l'état fort. La racine forte *pet*, tomber, par exemple, perd *e* à l'état faible et devient *pt*, d'où πί-πτ-ο-μαι.

Rien de plus spécieux, rien de plus séduisant, reconnaissons-le, que la persistance d'une semblable relation, où il est difficile de ne pas voir la conséquence d'une loi. Cependant, n'oublions pas que la formule du renforcement se présente sous les dehors d'une régularité tout aussi flatteuse : ne perdons pas de vue, surtout, que pour pouvoir en tirer des conclusions définitives sur le vocalisme primitif, ce qu'ont fait, comme nous le constaterons, les auteurs du système, il faut être bien sûr qu'on est en présence d'un classement conforme à la nature intime des phénomènes et en reproduisant toutes les phases importantes. S'il en était autrement, si le tableau dont nous admirons l'ordonnance était pourtant artificiel, incomplet, à certains égards, nous ne pourrions y voir qu'un arrangement provisoire, d'importance surtout mnémotechnique, comme le système de Pânini, mais impropre à servir de base à des déductions qui dépasseraient le cadre même de son objet prochain.

Or, il est facile de démontrer, en s'appuyant aussi bien sur le grec que sur le sanskrit, que les racines sont en réalité susceptibles d'autant d'*états* différents que la série vocalique dont elles dépendent comporte de nuances. Bornons-nous toutefois à constater qu'il en est trois principaux [1], les deux que nous

____

[1] Abstraction faite de celui qui correspond aux formations sanskrites par la *vrdhhi*, qui requiert un examen spécial; abstraction faite également des varia-

connaissons déjà et un troisième caractérisé par la présence de
â en sanskrit et d'une longue quelconque en grec, que le seul
exemple des formes suivantes se rattachant à *sreu, sru* suffit
pour mettre en pleine lumière.

SANSKRIT. — parfait, *su -srâva.*
— présent, *srava-ti.*
— part. passé, *sru ta.*
GREC. — ῥώ- ομαι,
— ῥεϝω,
— ῥυ τός.

Peu importe qu'en grec ces formes se rapportent à deux verbes
différents. Il serait tout aussi arbitraire de voir deux racines
distinctes dans ῥώομαι, ῥεϝω que dans πί-πτω, πέτ-ο-μαι, et les formes
sanskrites *pa-páda, pad-ya-te.* Je n'insiste pas sur l'*o* qui, en
grec, alterne dans les mêmes racines avec l'*ε*; notons cependant
que c'est par un pur jeu de mot, qu'en qualifiant cette alternance
d'*ablaut*, on évite d'y voir deux états bien distincts[1]. Quoi
qu'il en soit, les trois degrés dont il a été question plus haut
sont indéniables. Et si l'on explique le premier, celui que carac-
térise l'*â* en sanskrit, par un renforcement, le système se
trouve exposé aux mêmes objections que rencontre la théorie
de Bopp; si, au contraire, on admet purement et simplement
les trois degrés sans recourir à cette explication, on est obligé
de tenir compte de *âr, ân*, etc., ainsi que des longues et des
diphthongues grecques correspondantes qui se coordonnent
avec *ei, i; eu, u; er, r; en, n*, — et toute l'économie de la
combinaison se disloque.

A un autre point de vue, comment admettre que l'élimination
de l'*e* soit la loi générale de l'affaiblissement des racines du type

tions radicales qui resultent de l'affaiblissement consonantique, comme dans
στέφω et τρεπω, auprès de στρεφω.

[1] En grec, comme il est facile de le démontrer, l'*ε* apparaît toujours comme
voyelle faible eu egard à *o*.

de celles que présente le tableau ci-dessus, quand nous voyons *pet*, tomber et *sekh*, porter (formes faibles *pt*, *skh* (ἐσχον), présenter en sanskrit des dérivés comme *pede (paide)*, troisième personne singulier du présent de l'indicatif à la voix moyenne et l'infinitif *sodhum (saudhum)*[1]? Cette même loi peut-elle également rendre compte de ῥέω, auprès de ῥείω et de ῥεύσω? car je ne trouverais pas suffisante la réponse, inexacte d'ailleurs, qui consisterait à dire qu'on a là un phénomène phonétique secondaire et particulier au grec. Puis, est-on bien sûr que la transition de la forme forte à la forme faible s'effectue toujours, même dans les cas où l'on ne rencontre pas de pareilles objections, par l'*élimination* de *e* ? L'exemple du latin *dico*, pour **diico*, venant de *deico*, et quantité d'autres semblables, présentent un affaiblissement par voie d'assimilation et non pas une élimination.

Les difficultés qu'entraine la théorie de l'état fort et de l'état faible des racines et les conséquences qu'on en a tirées au point de vue du vocalisme ne doivent pas nous empêcher d'exposer ces conséquences et les objections particulières qu'elles soulèvent.

Nous avons vu que dans la notation des racines indo européennes à l'état fort, les novateurs substituent l'*e* à l'*a* correspondant du sanskrit. De même, quand ils ont à transcrire une forme indo-européenne représentée par une forme grecque vocalisée avec l'*ablaut o*, ils remplacent l'*a* sanskrit par cet *o*, ou du moins ils superposent celui-ci à l'*a* sous la forme *å* (ou *e̊*, quand il s'agit de l'*e*), afin d'indiquer tout à la fois la valeur indo-européenne

---

[1] Je crois au caractère primitif de *e* et *o* dans les formes *pede, sodhum*, etc.' malgré les vues de M. M. Bloomfield dans sa savante brochure, *Final as before sonants in sanskrit*. Du reste, ses démonstrations pécheront, à mon avis, par la base tant qu'il n'aura pas rendu compte, à propos de *sodaça*, de la diphthongue du gothique *saihs*, (car on ne saurait s'en tenir à l'explication empirique du changement de *i* en *ai* sous l'influence de *h*) et établi le fait très douteux que le *ḍ* de *niḍa*, etc., est le substitut pur et simple d'un l vedique.

Si, comme je le crois, la racine *pad* n'est qu'une variante proethnique de la racine *pat* et si, comme je le crois aussi, ποῦς est une forme forte pour ʼπουσς, *πουδς, et non ʼποδς, nous y trouvons la base d'une nouvelle objection.

qu'ils lui attribuent et la couleur qu'il a prise en sanskrit. C'est qu'en effet, la concordance, à cet égard, du grec et du latin surtout leur a fait admettre, contrairement à Bopp, pour qui l'*e* et l'*o* greco latins étaient des altérations de l'*a* aryen, que la division de l'*a*, de l'*o* et de l'*e* est proethnique et que c'est le sanskrit qui a nuancé uniformément ces voyelles en *a*. Il est certain que, toute considération chronologique laissée de côté, ou mieux en se plaçant à un point de vue tout à fait abstrait, les deux hypothèses sont également possibles[1] ; hâtons-nous d'ajouter qu'il est tout aussi certain qu'on n'a jamais montré clairement, à ma connaissance, comment *o* pourrait venir de *a*, ou inversement, *a* de *o* et de *e*.

J'arrive à la partie finale du système. Elle en est en même temps la plus neuve.

Les racines à liquides comme *bher* et à nasale comme *men* éliminent, avons-nous dit, aussi bien que les autres, l'*e* à la forme faible ; de sorte que l'élément radical se réduit alors à *bhr*, *mn*. Mais, comment classer, au point de vue de la racine une forme elle que l'aoriste simple ἔδαρκον ou, avec une métathèse fréquente, ἔδρακον ? L'état fort aurait donné *ἐδερκον ou *ἐδορκον ; de plus, la forme sanskrite correspondante *adṛçam* présente l'état faible, comme d'ailleurs tous les aoristes du même genre. Qu'en conclure, sinon que ἔδαρκον est pour *ἐδρκον et que l'α représente le développement vocalique normal, sous l'influence de l'accent, d'un phonème indivisible αρ, qu'on qualifie en conséquence de *liquide sonnante*? Devant une voyelle, αρ se contracte en ρ (*r* sanskrit) ; mais, dès que la voyelle disparaît, la liquide sonnante reprend toute son ampleur, ou développe l'élément sonnant qu'elle tient en réserve.

On expliquera de même le participe passé τατός, pour *ταντος de la racine ται (le ν tombe généralement en pareil cas). La forme

---

[1] Il m'est impossible néanmoins de ne pas signaler tout de suite ce qu'il y a de particulièrement choquant, à première vue, dans une hypothèse en vertu de laquelle le zend serait resté beaucoup plus fidèle que le sanskrit au vocalisme primitif.

forte exigerait *τετος ou *τοτος ; d'ailleurs les participes passés sont formés en général avec l'état faible de la racine (cf. le sk. *bhr-ta*). Donc τατός est pour τητος; donc l'α appartient à la nasale dite *sonnante*, parce qu'elle jouit des mêmes propriétés et se trouve soumise aux mêmes lois que la *liquide sonnante* dont il a été question précédemment.

Remarquons que si le sanskrit possède un signe particulier *(r)* pour représenter la liquide sonnante, il est dépourvu du même avantage en ce qui regarde la nasale sonnante ; aussi, en figure t-il comme le grec la partie vocalique par un *a*, qu'il faut bien se garder de confondre avec la voyelle indépendante de même forme : *ta ta = *tan-ta*, pour *in-ta*.

De même que j'ai réduit à sa plus simple expression l'exposé du système en ce qui regarde les liquides et les nasales sonnantes, je résumerai brièvement les principales observations critiques auxquelles il donne lieu à ce point de vue.

1° Si, comme il y a tout lieu de le croire, la forme faible des racines procède de la forme forte, comment se représenter la substitution de la partie *sonnante* de la liquide à la voyelle radicale ? Qu'il s'agisse d'une transition ou d'un *changement à vue*, le fait reste inexpliqué et paraît inexplicable.

2° On ne prouve en aucune façon que l'*a* émis, dit-on, par les lettres sonnantes ne puisse pas être considéré, dans les conditions où on le rencontre, comme un état vocalique faible eu égard au vocalisme primitif des racines.

3° N'est-il pas fort surprenant que dans des formes considérées comme munies de radicaux essentiellement faibles, les consonnes sonnantes développent en grec et en sanskrit la voyelle simple dont la tonalité est la plus forte, *a* ?

3° Comment se fait-il que le latin, si étroitement apparenté au grec présente l'*o*, l'*u* ou l'*e*, mais jamais l'*a* comme partie vocalique dégagée des sonnantes ?

4° L'hypothèse des nasales et des liquides sonnantes n'entraîne-t-elle pas dans certains cas celle de gutturales sonnantes comme pour ἐπλάκην, par exemple ?

5° Un point de détail qui prête à de graves objections, c'est l'aspect que présentent en grec les substantifs neutres en ος. La plupart d'entre eux adaptent le suffixe à une racine faible : κράτος, auprès de la racine κρετ ; μάθος, auprès de μονθάνω ; μέρος, auprès de μείρομαι ; πάθος et πένθος, auprès de la racine πανθ ; πάγος, auprès de πήγνυμι ; πέκος, auprès de πείκω ; ῥάκος, auprès de ῥήγνυμι ; τάχος, parallèlement à ταχύς, etc. Les quelques exceptions sont en général atténuées ou expliquées par des doublets présentant la racine faible ou des formes parallèles qui montrent aussi irrégulièrement l'état fort : ζεῦγος, auprès de ζευκτός ; κεῦθος, auprès de κύθος ; τεῦχος, auprès de τευκτός ; ψεῦδος, auprès de ψύθος. Or, si, α représente *exclusivement* l'état faible devant une liquide ou une nasale, pourquoi a-t-on βέλος et non βηλος, μένος et non μηνος, etc. ?

6° Si l'on accorde qu'au moins en latin *e* peut représenter et représente, en effet, très souvent un *a* indo-européen affaibli, si l'on compare, en outre, *gantum* et *kartum* à *gata* et *kṛta*, μανθάνω à μάθος, etc., puis, qu'on se reporte aux séries : *tata*, τατός, *tentus ; nàma* et *nàman*, ὄνομα, *nomen ; daça* et *daçan*, δέκα, *decem*, etc. [1], ne paraîtra-t-il pas infiniment plus vraisemblable de supposer que les racines, les suffixes et les désinences à nasales sont susceptibles de s'affaiblir, en sanskrit et en grec, par la perte de la nasale, et, en latin, par l'affaiblissement de la voyelle qui la précède, que de recourir à l'hypothèse si subtile des nasales sonnantes?

Pour d'autres objections spéciales, je me borne à renvoyer aux nombreuses irrégularités signalées par M. Meyer, *Gr. Grammatik*, § 25-30.

---

[1] En se plaçant au point de vue de l'hypothese des nasales sonnantes on est oblige d'aller jusqu'à dire que dans un composé comme *daçamukha*, l'a final du theme *daça*, doit son origine à la nasale tombee[2]

[2] Ce qui arrive quelquefois aussi en grec comme dans πένθος, aupres de πάθος, βυνθος, aupres de βάθος ; ἐγγύς, aupres de αχος, etc.

III

Le rapide examen qui précède avait pour but, je l'ai déjà indiqué, de montrer qu'aucune des questions qui se rattachent au vocalisme indo-éuropéen ne semble complètement résolue et qu'il est permis, par conséquent, de tenter de nouvelles recherches dans un ordre de faits où le dernier mot est loin d'avoir été dit. Les limites que j'ai assignées à ce travail ne me permettent pas de développer *in extenso* les preuves des vues que j'ose soumettre à mon tour à l'appréciation des linguistes. Pour le moment, je ne ferai que présenter un tableau préalable de mes conclusions et essayer de justifier les plus importantes pour des raisons tirées surtout de l'étude comparative de radicaux sanskrits, grecs et latins. Plus tard, je porterai mes démonstrations sur le terrain des suffixes et des désinences, tout en les contrôlant sur des exemples empruntés aux autres branches de la famille indo-européenne.

TABLEAU SOMMAIRE DES VOYELLES INDO-EUROPÉENNES[1]

Série des voyelles simples

a
e (surtout gréco-latin) ;
i

Série des voyelles allongées

â, indo-européen ;
η, *é* (surtout gréco-latin.)

---

[1] L'arrangement en. est fondé sur l'hypothèse de l'afiaiblissement substituée à celle du renforcement.

Série des voyelles complexes

ò *(âu),* o *(au)*
ê *(âi),* e *(ai)*   (affaiblissement de l'élément final).
î   u   } (affaiblissement combiné des deux éléments).
i   i   } (avec assimilation du premier au second).

Les voyelles complexes sont celles dont j'examinerai d'abord l'origine et le rapport dans différents idiomes de la famille aryenne. Un premier point à constater en ce qui les concerne, c'est qu'en sanskrit toutes ou presque toutes les racines en *ar*[1] ont une double forme en *ur (= âvar* ou *avar)*. On en peut conclure, surtout en tenant compte du fait que certains dérivés sont communs aux deux formes, que la première est faible eu égard à la seconde, c'est-à-dire qu'elle a perdu la partie labiale de l'articulation *âva, ava* (d'où l'*u* des racines en question et l'*o* des dérivés considérés comme soumis au *guṇa*[2]).

Rapprochements d'ou résulte l'hypothèse
des deux formes précitées

Kur-mas, etc., auprès de *kar,* faire.

Gur, crier auprès de *gar, jar,* même sens.

Cûrṇa, brisé, auprès de *çar,* même sens et de *gar,* dévorer; sens primitif, briser.

Jur, vieillir, auprès de *jar,* même sens.

---

[1] Dans un travail actuellement sous presse sur la genealogie des racines sanskrites, je crois demontrer que celles en *ar* sont primitives et que toutes les autres en derivent. Ce qui sera prouvé pour les premieres sera donc valable pour toutes. Je crois pouvoir rendre compte aussi dans le même travail de la raison d'etre morphologique de l'articulation interne *âva,* possedee a l'origine par toutes les racines indo-europeennes.

[2] Ces derives (anciens) sont rares auprès des racines qui présentent une voyelle entre la consonne initiale et *r.* Cependant on peut citer *ghora,* terrible (que je n'hesite pas a rapprocher etymologiquement de *khara,* dur et de *khala,* mechant); *lola,* agite, mobile, et *sphota,* pour **sphorta* (rac. *sphuṭ* elargie et affaiblie de *sphur).*

Jvar et *jval,* briller auprès de *ghar,* même sens [1].

Tur et *tvar,* se hâter, courir; auprès de *tar,* primitivement même sens, et de *taras,* activité, agitation.

Dhru-va, ferme, fixe, solide pour *dhur-va*; auprès de *dhar* porter, supporter, tenir bon.

Pûrna, rempli; auprès de *par,* remplir.

Phulla, ouvert, part. passé de *phal,* s'ouvrir.

Mûrna, brisé, détruit; auprès de *mar,* même sens.

Lul, s'agiter, jouer, d'où *lola,* qui s'agite; auprès de *lal,* même sens.

Sphur, mettre en mouvement, faire vibrer, etc.; auprès de *spar* et *sphar,* dont le sens primitif est identique.

Hvar et *dhvar,* tourner autour, courber, envelopper; auprès de *var* pour *ghvar,* envelopper.

Les dérivés communs aux deux formes sont:

1° Les participes passés en *irna* (cf. ceux en *ûrna,* comme *pûrna*) où l'*i,* comme toutes les analogies le prouvent, est affaibli de *û* [2]:

irna, de la rac. *ir,* qui suppose une forme *ur* (cf. *ar* pour *avr*).

Kirna, rac. *kar,* répandre, qui suppose un forme *hur.*

Gîrna, rac. *gar,* crier, cf. *gur.*

Gîrna, rac. *gar,* manger, qui suppose une forme *gur.*

Cîrna, rac. *car,* aller, qui suppose une forme *cur.*

Jîrna, rac. *jar,* et *jur.*

Tirna, rac. *tar, tur* et *tvar.*

Dîrna et *dîna* [3] (avec chute de *r*); rac. *dar,* qui suppose une forme *dur.*

Çîrna, rac. *çar,* qui suppose une forme *çur.*

Stîrna, rac. *star,* qui suppose une forme *stur.*

---

[1] Cf. aussi *svar*, pour *skvar* (ce qui sera établi dans l'ouvrage déjà cité, auquel je renvoie, du reste, pour tout ce qui peut exiger une démonstration.)

[2] En se plaçant au point de vue physiologique, il ne paraît pas possible que *i* et *î* dérivent directement de *â, a.*

[3] Cf. *jina* auprès de *jirna.*

2° Différentes formes verbales comme :

Ir-ya ti, pour *ur-ya-ti*, cf. *îrṇa*.

Kira ti, pour *kura-ti*; rac. *kar*, répandre.

Sam-gira-te, pour *sam-gura-te*, de la rac. *gar*, appeler.

Girati, pour *gura-ti*; rac. *gar*, manger, dévorer.

Ji ghar-ti, pour *ju-ghvar-ti*;[1] rac. *ghar*, arroser et briller.

Ji-r-ya-ti pour *jûr ya-ti*; rac. *jar* se briser, vieillir.

Tira-ti et *tir-ya-ti*, pour *turati*, *tur-ya-ti*; rac., *tar*.

Dir-ya-ti, pour *dûr-ya-ti*; rac. *dar*.

Di-dharat, pour *du-dhvarat*; rac., *dhar*.

Pi-par ti, pour *pu pvar-ti*; rac. *par*, remplir, et *par*, traverser.

Phelatus = phailatus, pour *phaulatus*; rac. *phal*; cf, *phulla*.

Bi bhar-ti, pour *bu-bhvar-ti*; rac., *bhar*.

Mri ya ti, pour *mur-ya-ti*; rac. *mar*.

Çir-ya ti, pour *çûr-ya ti*; rac. *çar*.

Si-sar ti, véd., pour *su-svar-ti*; rac.. *sar*.

Ti-sti re, pour *tu-stu-re*; rac., *star*.

Ji har-ti, pour *ju-hvar ti*; rac., *har*.

3° Différents dérivés adjectifs et nominaux, comme :

Kira, perroquet (le crieur), *kiri* et *kir-ti*, louange; cf. *kar*, célébrer, et *gur*, crier, d'où *gûrti*, louange.

Ksîra, lait (ce qui coule de la mamelle); auprès de *ksar*, couler.

Gir, parole; auprès de *gar* et *gur*, crier.

Giri, montagne pour *guri*, *gavari*; cf. *var*, pour *ghvar*, *gvar*, envelopper, former un hémisphère.

[1] Le grec γίγνομαι (auprès de γέγονα), ou l'ι du redoublement semble bien correspondre à un ε affaibli, peut laisser des doutes sur l'origine de l'*i* des redoublements du sanskrit, comme *ji-gharti*, etc.

L'*i* des présents védiques comme *tavi ti*, *ravi-ti*, etc., ramène à des formes *tavû ti*, *ravû-ti* où l'on peut voir le reste soit d'une caractéristique des verbes de la huitième classe, soit d'une finale thématique analogue à celle des thèmes grecs en ο.

Cira, ce qui s'avance, s'étend ; cf. rac., *car*, aller, s'avancer d'où *cîrṇa*, et χρόνος.

Jîra, vif, actif, auprès de *jar*, s'agiter, s'approcher.

Tiras, au delà ; auprès de *tar*, *tur*, *tvar*, cf. aussi *tir-tha*.

Dhîra, fort, auprès de *dhar*.

Nîra, eau, ce qui coule ; auprès de *nar*, s'avancer, diriger.

Lîlâ, jeu ; auprès de *lal*, *lul*, *lola*.

Hira-nya, or ; auprès de *ghar*, briller.

En grec, la combinaison proethnique *âva*, *ava*, a donné en général et selon que l'affaiblissement a porté sur l'ensemble du groupe sur l'une ou l'autre, ou sur l'une et l'autre de ses parties.

$$
\begin{array}{ccc|cc}
 & \bar{\alpha}\upsilon & & & \\
\hline
\eta\upsilon, & \alpha\upsilon & \varepsilon\upsilon & & o \\
\omega & \omega\upsilon & & \bar{\upsilon}, & \upsilon \\
\eta\iota & \alpha\iota & \varepsilon\iota & & \varepsilon \\
 & \omega\iota & & \bar{\iota}, & \iota \\
\eta & & & & \\
\end{array}
$$

A la forme forte *ur* = *âvar* ou *avar* des racines en *ar*, se rapportent plusieurs dérivés dont voici les principaux.

αἱρέω et αἴρω ; cf. sk. *ar*, dans le sens de prendre.

αὐλή, enceinte ; cf. sk. *var*, pour **gvar*.

αὐλός, tuyau, flûte, objet de forme circulaire ; même rapprochement.

βολή, βολός ; cf. sk. *cal* et *gal*, mouvoir, se mouvoir, tomber, etc.

βούλομαι, vouloir ; cf. sk. *var*, pour **gvar* dans le sens de choisir.

βιβρώσκω pour *βι βρώσκω, d'où βορά, βορός ; cf. sk. *gar* et *gur*, dévorer.

γαῦρος, fier ; cf. sk. *garva*, orgueil.

δείρω, ἔδειρα, écorcher, battre, d'où δορά, δόρυ, δόλος; cf. sk. *dar*, briser.

θολός, bourbe, trouble ; cf. lat. *turba*.

θόλος, voûte ; cf. sk. *dhvar*, courber.

(?) καιρός, occasion ; cf. sk. *kâla*, temps.

(?) καυλός, tige ; cf. sk. *var*, pour *gvar*.

κείρω, ἔκειρα, couper ; cf. sk. *kar* et *çar*, même sens.

κορέννυμι, rassasier ; cf. sk *gar*, *gur*, dévorer.

κόραξ, corbeau ; cf. sk. *kar*, célèbrer, crier ou peut-être *gar*, *gur*, dévorer.

κόρος, orgueil ; cf. sk. *garva*, même sens.

κορώνη, corneille, et objet recourbé ; cf. sk. *kar*, crier et *var*, pour *gvar*.

κῦρος, puissance, assurance ; cf. sk. *kar*, faire.

κῶλον, membre (ce qui se plie), gros intestin ; cf. sk. *var*, pour *gvar*.

μείρομαι, partager, d'où μοῖρα, μόρος, μῶλος, μῶλυς, μαῦρος ; cf. sk. *mar*, briser.

ξυρός, rasoir; cf. sk. *çar*, couper, briser et *ksura*, objet tranchant.

ὅλος, entier ; cf. zend *haurva*, même sens, et lat. *solus*.

ὄλλυμι, détruire ; cf. sk. *ar*, dans le même sens.

ὄρνυμι, mettre en mouvement; sk. *ar*, dans le même sens.

ὄρος, montagne ; cf. sk. *giri*, même sens.

ὅρος, limite ; οὖλος, frisé ; οὐρά, queue; cf. sk. *var*, pour *gvar*.

παῦρος, petit ; cf. sk. *var*, pour *gvar*[2].

πείρω, traverser, d'où ἔπειρα, πόρος : cf. sk. *par*, même sens et *peru*, qui traverse.

πόλις, ville ; cf. sk. *pur*, même sens.

πόλος, pivot, axe ; cf. sk. *var*, pour *gvar*.

πολύς, nombreux ; cf. sk *puru*, même sens.

---

[1] Il est extrêmement probable que les mots sanskrits *alpa* et *arbha*, petit, se rattachent à la même racine decapitse. Quant à l'évolution significative, elle est bien indiquée par les différentes acceptions de la rac. *kuc*, former le cercle, s'enrouler, se contracter.

πῦρ, feu ; cf. sk. *ghar*, briller.

(?) πυρός, blé, et πύρνος, pain ; cf. sk. *gar, gur, (gîrṇa)*, manger.

σείριος, brûlant ; cf. sk. *svar*, briller.

σκόλοψ, pieu ; σκῶλος, même sens ; cf. sk. *çar*, couper.

σκολιός, courbe ; cf. sk. *hvar*, se courber.

σκώρ, excrément ; cf. sk. *kar*, écarter, répandre.

σπείρω, semer, d'où σπόρος ; cf. *skar, har*, écarter, répandre.

σταυρός, pieu ; cf. sk. *sthûla*, solide, et *sthûṇa*, pilier.

στορέννυμι, étendre ; cf. sk. *star*, même sens.

τείρω, user, tourmenter d'ou τόρος ; cf. sk. *dar*, couper, briser.

φαῦλος, chétif ; cf. πυῦρος, petit.

φορός, faix, φώρ, voleur (celui qui emporte) ; cf. sk. *bhar*, porter.

χείρ, main ; cf. sk. *kara*, même sens.

χόλος, bile (chose verte) ; cf. sk. *ghár*, briller.

χορός, danse ; cf. sk. *car*, aller, se mouvoir.

χρόνος, temps ; cf. *cîrṇa*, prolongé.

χρυσός, or, pour *χυρσος ; cf. sk. *ghar*, briller.

χώρα, χῶρος, terre ; cf. sk. *khara*, dur, sec.

Aux exemples qui précèdent, il convient d'ajouter les parfaits actifs simples, qui présentent o comme *ablaut*, tels que :

δέδορκα,

δέδρομα,

λέλογα,

νένομα,

ἔσπονδα,

ἔσπορα,

ἔστοργα,

τέτονα,

τέτροπα,

ἔφθορα, etc.

L'analogie des formes sanskrites correspondantes comme *ba-bhâra, da-dâra*, etc., nous indique un thème fort, très fort même, caractérisé en grec par l'ancienne diphthongue o ;

tandis que le sanskrit en a éliminé l'élément labial pour ne garder que la voyelle simple allongée *â* [1].

Le même rapport se constate dans les dérivés adjectifs et nominaux (car le véritable correspondant de φορός est *bhâra*, ainsi que Schleicher l'a déjà remarqué), et dans les causatifs, comme φορέω, auprès de *bhârayâmi*.

J'ajouterai quelques exemples d'alternance de ι et υ en grec.

αἴγλη, éclat; auprès de αὐγή, même sens.

γρῖφος, primitivement, courbé, enveloppé; auprès de γρυπός, crochu.

δαί-μων, divinité; auprès de Ζεύς, Jupiter.

δαίω, brûler; auprès du futur δαύσω.

(?) δειλός, lâche; auprès de δοῦλος, esclave.

*δειω, indiqué par ἔνδεια, ἐνδειής, etc. : auprès de δεύω, manquer.

θαιρός, gond; auprès de θύρα, porte.

*θειαομαι, d'où θεάομαι, voir; auprès de θαῦμα, spectacle.

ἰθύς, droit; auprès de εὐθύς, même sens.

καίω, brûler; auprès de tous les dérivés où la racine apparaît sous la forme καυ-.

κεινός, vide; auprès de ϟαῦνος, même sens.

κείρω, couper; auprès de κουρά, action de couper, tondre, et de ξυρός, rasoir.

κλαίω, pleurer, crier; auprès des dérivés où la racine apparaît sous la forme κλαυ-.

[1] Pas toujours cependant : les parfaits *ji-gâya* (rac. *gâ*, aller), *pîpâya* (de *pâ*, protéger) *mi-mâya* (de *mâ*, mugir) *uvâya* et *ûyus*, auprès de *vavâu*, *vavus* et *ûyus*, (de *vâ*, tisser), ainsi, qu'en général, les désinences en *âu* des 1res et 3es personnes du sing. des parfaits actifs des racines terminées par *â*, prêtent fortement à croire que nous avons là des correspondants de l o grec. Cf. aussi la formation des participes futurs en *ya*, des racines en *â*. Dans ces participes, la racine se présentant sous un état fort *(bhâvya)* on doit conclure de *deya*, par exemple = *dai-ya*, que *dai*, probablement pour *dau* (Cf. gr. δω-) est un état fort de *dâ*, donner. Ainsi s'expliquent les formes nombreuses en *e* (*ai*) des racines en *a*, et même celles des racines à finales consonantiques, comme *pede*, *mene*, etc.

L'*ablaut* du parfait gothique de la conjugaison forte présente un ensemble de faits qui correspondent généralement dans leur diversité soit aux procédés de sanskrit, soit à ceux du grec. La voyelle longue des parfaits simples sans redoublement du latin correspond à l'*a* du sanskrit; c'est un exemple remarquable de la coïncidence fréquente des phénomènes particuliers des deux langues.

κλείω, enfermer ; auprès du lat. *clavis, claudere*.

κλείω, célébrer ; auprès de κλύω, pour *κλευω.

κοῖλος, creux, concave ; auprès de κυρ-τός, courbe.

κοινός, commun ; auprès de ξυνός, pour *ξουνος.

λοιμός, peste ; auprès de λύμη, fléau.

κρήνη, source ; auprès de κρουνός, même sens.

ναίω, couler ; auprès de ναύω, νεύσομαι, ἔνευσα, etc.

παῖς, enfant ; auprès des variantes dialectiques ποῦς, παῦς.

(?) πείθω, croire, faire croire ; auprès de πυνθάνομαι et πεύθομα', apprendre.

πεῖνα et ποινή, peine, besoin, faim (non pour *πενια, à cause du lat. *pœna*) ; auprès de πόνος, pour *πουνος.

(?) πλεῖ-στος, très nombreux ; auprès de πολύς.

πλειώ, naviguer ; auprès du futur πλεύσομαι, etc.

πνείω, souffler ; auprès de πνεύσω et des autres dérivés.

ποί, adverbe ; auprès de πού.

ποιμήν, berger ; auprès de πῶυ, troupeau.

ῥαίω, pour *κραιω, briser ; auprès de la famille composée par θραύω, θλάω, κρούω, κλάω, ϝραύω, etc.; mêmes acceptions.

ῥείω, d'où ῥοικός, couler ; auprès de ῥεύσω et des autres dérivés analogues.

σείω, agiter ; auprès de σεύω, même sens.

στείβω, fouler aux pieds, écraser ; auprès de τύπτω, frapper, etc.

στεινός, étroit ; auprès de τόνος, pour *τουνος, tension (sens primtif, amincissement).

ἵστημι, se tenir debout ; auprès de στεῦται.

φαίνω, φαιδρός, φοῖνιξ, φοῖβος, briller, brillant, etc. ; auprès de de φαῦσις, lumière.

φλοίω, sourdre, couler ; auprès de φλύω, pour *φλουω, même sens.

ϝαίνω, bâiller ; auprès de ϝοῦνος, vide.

ϝείω, verser, ϝεῖμα, pluie, etc. ; auprès de ἔχευα, ϝεῦμα, etc.

ψάω, ψαίω, ψέω, ψίω, ψιλός, ψήχω [1], broyer, briser, gratter, etc. ; auprès de ψώρα, gale, ψώχω, gratter, etc.

[1] Cf. aussi παίω frapper.

En latin, la série *au, ô, o, û, u* correspond également, comme vocalisme radical, aux phénomènes que nous avons remarqués en sanskrit.

Exemples :

(?)*Aurum;* cf. sk. *ghar,* briller.

Bulla ; cf. sk. *var,* pour **gvar.*

Curvus, collis; cf. sk. *var,* pour **gvar.*

**Culsus* [1], dans *perculsus; curro;* cf. sk. *ksar = *skar,* couler, courir.

Colo ; cf. sk. *kar* et *kalp,* soigner.

Color, auprès de *calor ;* cf. sk. *ghar,* briller.

Corvus; cf. sk. *kar,* crier.

Cornu, corôna ; cf. sk. *var,* pour **gvar.*

Culter; cf. sk *çar,* couper, briser.

Dolor, dûrus; cf. sk. *dar,* déchirer.

Forma, fors, fortis, fûr; cf. sk. *dhar, bhar,* porter.

Formus, fulvus, fulmen; cf. sk. *ghar.*

Fornix, forum; cf. sk. *dhvar,* courber, envelopper.

Gula ; cf. sk. *gvar,* dévorer.

Mola, mollis, mors ; cf. sk. *mar,* briser.

Paulus ; cf. gr. πῦρος.

Pulsus, de *pello ;* cf. sk. *car, par* et le gr. βάλλω, πάλλω.

Polleo ; cf. sk. *par, phal,* abonder, fructifier.

Pûrus ; cf. *ghar,* briller.

Sôl ; cf. sk. *svar,* briller.

Solidus, sôlus ; cf. gr. ὅλος.

**Tul, *tol,* d'où *tetuli;* cf. sk. *dhar,* porter.

Turris; cf. sk. *dhvar,* courber, former le cercle.

Vulsus (de *vello*), *vulnus;* cf sk. *kar* et *car,* couper. briser.

Volo; cf. βούλομα.

Voro; cf. sk. *gar, gur,* dévorer.

Volvo, volo ; cf. sk. *var,* pour **gvar.*

---

[1] Le participe passe présentant en latin le radical fort, on ne saurait considérer ici l'*u* comme affaibli de *a.* Même observation pour *pello, pulsus,* dont le vocalisme est en remarquable concordance avec celui de βάλλω, βόλος.

Ulna (le bras considéré comme se pliant, formant le cercle), *urna* (objet cylindrique) ; cf. sk. *var*, pour **gvar*,

(?) *ûro;* cf. sk. *ghar*, briller [1].

La partie du tableau ralative aux voyelles simples et allongées requiert à peine dans ce court exposé un essai de démonstration générale.

Le sanskrit est le seul idiome de la famille où le premier degré d'affaiblissement de *a* n'ait pas été distingué par un signe graphique particulier, l'*e* des dialectes congénères. Il est extrêmement vraisemblable néanmoins que le *r* n'a été à l'origine qu'une sorte d'abrévation pour l'articulation *ere* = primitif *ara*[2]: du moins l'analogie du zend (*are-ta*, *ere-ta*, etc.) et les règles du *samdhi* qui s'appliquent à cette voyelle suggèrent vivement cette hypothèse. Dans un grand nombre d'autres cas, l'*a* est passé à l'*e*, comme l'attestent les anciennes transcriptions européennes, sans que le système graphique porte la trace de cette altération[3].

Je viens de rappeler incidemment qu'en zend l'*e* s'indique comme un affaiblissement de l'*a*. En grec, le même phénomène se constate d'une manière indubitable, ne serait ce que dans les redoublements comme κεκλόον, à côté de λάζω, etc. D'autre part, et en ce qui concerne le passage de α en η, une forme à

---

[1] Si l'on admet l'hypothèse que l'*u* sanskrit est toujours issu de *ava*, ou *au*, voici une serie de rapprochements qui semble encore bien probante : *socer* auprès du k. *çuaçura* (*çvaçura*), *socius*, auprès de *suaj* — *sac; sôl.* auprès de *suar; soleo* et *solum*, auprès de *suadha* (cf. *sad* pour *svad*, et *sûd*); *somnum, sopor*, auprès de *suapna : sonus.* auprès de *suan ; soror.* auprès de *suasar*, etc. De plus *suavis*, auprès de *suidu* montre bien la probabilité de l'existence d'un élément *u* dans les exemples latins précités ; mais, dans ce dernier, l'élimination proethnique de l'initiale *a* du groupe *ava* s'est opposée à la formation de l'*o*. D'autre part, les racines sanskrites *saj* et *sac*, auprès de *svaj*, indiquent comment l'élimination, en atteignant l'*u*, n'a plus laissé que l'*a* en présence de l'*o* correspondant du latin.

[2] J'entends que *ara*, *ara* est à *r* comme *áva*, *ava* est a *v* et *aya*, *aya* à *i*.

[3] L'absence de *e* en sanskrit est due surtout, à mon avis à ce que cette langue est la première de la famille qui ait été fixée par la littérature et la grammaire. Dans toutes les autres, le mouvement naturel de l'affaiblissement phonétique s'étant prolongé davantage, il est facile de s'y expliquer l'apparition de sons affaiblis que l'ancien sanskrit ignorait. En semblables questions, donc, le témoignage du sanskrit prévaut sur celui des langues congénères, isolées ou réunies.

radical faible comme ἵσταμεν, auprès de ἵστημι et de la racine sanskrite *sthâ*, est l'indice certain, semble-t il du moins, que ἵστημι est pour ἵστᾱμι, d'où ἵσταμεν aux formes faibles du pluriel (cf. δίδομεν, auprès de δίδωμι et τίθεμεν, auprès de τίθημι).

En latin, l'affaiblissement d'*a* en *e* est si connu et confirmé par tant d'exemples qu'il n'est nul besoin de s'y arrêter.

Signalons enfin, pour achever de démontrer la constance de la loi qui a déterminé ce changement dans les langues indo européennes, l'*ä* allemand et l'*a* anglais ayant le son *e*, affaiblis l'un et l'autre de *a* pur, et l'*é* français, substitué si souvent à l'*a* latin : exemples, *père* auprès de *pater*, *cher* auprès de *carus*, *aimer* auprès d'*amare*, etc., ainsi que le changement de *a* en *e* qu'opère encore sous nos yeux l'accent parisien ou plutôt fau- bourien.

Je n'insisterai pas davantage sur le passage d'*e* et de *u* en *i*[1] pour lesquels on trouve des indications suffisamment démonstratives dans tous les traités de phonétique.

Je me bornerai, pour terminer ces rapides indications sur les principaux traits du vocalisme indo-européen, à examiner quel- ques points qui, en ce qui regarde le grec surtout, ont encore besoin d'explications.

α est le représentant authentique et identique de l'*a* primitif indo-européen, c'est-à-dire de la plus forte des voyelles simples. On comprendra pourtant que α soit la voyelle radicale de for- mations à radical faible ou semi-faible comme celles 1° du parfait composé : κέκαρκα, ἔφθαρκα, τέτακα ; 2° de l'aoriste simple passif : ἐκάρην, ἐπάρην ; 3° du participe passé : καρτός, σπαρτός, τατός, etc., si l'on tient compte que cette voyelle est réellement faible, eu égard à la diphthongue ει (anciennement αυ, αι) du présent et de l'aoriste : κείρω, ἔκειρα ; πείρω, ἔπειρα ; τείνω, ἔτεινα, etc.[2]. La même expli

---

[1] Le parallelisme si parfaitement exact de la declinaison des themes en *u* et des themes en *i* du sanskrit paraît inexplicable si on ne leur suppose pas une origine commune.

[2] Ici se rattache la question, si grave au double point de vue du vocalisme et de la morphologie du grec, et même des langues aryennes en general, de savoir s'il l'ι de ces formes appartient au vocalisme radical ou bien est, comme on le croit

cation ne semble pas, il est vrai, rendre compte des aoristes simples comme ἔδαρκον, ἐπλάκην, ἔταμον, ἔτραπον, etc. ; mais, à l'origine, la relation qui existait entre ces aoristes et les présents correspondants était la même que celle dont il vient d'être question si, comme il y a tout lieu de le croire, δέρχομαι, πλέχω,

generalement, le resultat de l'epenthese d'un *j* suffixal vocalise. Voici les principales raisons absolument decisives, à mon avis, qui m'ont fait adopter la premiere hypothese ·

1° Rien ne semble moins prouve que l'existence a une periode quelconque du developpement de la langue grecque d'une spirante hypothetique *j*. Es'-on bien sûr même que le suffixe sanskrit *ya* ne soit pas simplement l'equivalent phonetique ou la variante graphique de *ia* ou *iia* ?

2° Il est extrêmement douteux qu'il faille voir un suffixe primitif *ja* ou *ia* dans les formes comme πλείω, ῥείω, σείω, etc., attendu qu'elles sont paralleles a des themes en εϝ, dont ει a tout l'air d'être un affaiblissement, et qu'elles appartiennent à l'ancienne langue, tandis que les formations pretendues correspondantes du sanskrit sont en general relativement modernes.

3° Les formes comme κουρά, κουρευς, ξυρός, aupres de κείρω ; φαιδρός aupres de φαίνω ; μειλ*(τ)-, aupres de μείρομαι (qu'on ne saurait expliquer par une racine μελ(ε)δ, modifiée par l'assimilation et l'allongement compensateur. puisque le theme en question ne differe de cette racine que par la diphthongue); le parfait sk. *jigâya*, et même le parfait latin *vêni*, aupres de βαίνω, etc., montrent indubitablement que l'etat fort de la racine contenait une diphthongue, qui doit regulierement apparaître au present de ces verbes, si l'on cesse d'y voir un suffixe.

4° Les formes dialectiques comme κϵρρω sont tres probablement pour *κειρϜω, *κειρνυω, (cf. sk. *kṛno-ti*, de *kar*, couper, blesser, tuer ; κείρω : κέρϝω :: *karati* : *kṛnoti*), c'est-à-dire, qu'elles ont conserve la trace d'une conjugaison d'apres le type tres ancien et tres general de la cinquieme classe, puis, par *affaiblissement compensateur*, la diphthongue radicale s'est reduite a une voyelle simple. Le latin *venio* peut et doit tres probablement s'expliquer de la même maniere·

5° Il semble impossible d'admettre que καίνυμαι et ἀποκταννυμι soient pour κανjυμαι, *ἀποκτενjυμι, car le sanskrit ne nous presente rien de semblable. N'est-il pas permis d'en conclure que κτείνω et κτεννω ne sauraient être pour *κτενjω ?

6° κείρω, nous dit-on, est pour *κερjω et ἔκειρα pour ʽεκερσα; sans insister sur ce qu'il y a de physiologiquement paradoxal dans cette derniere explication, etant donnée surtout la place de l'accent, ne semble t-il pas profondement illogique d'attribuer à la diphthongue de κείρω et de ἔγειρα une origine egalement secondaire, quoique due à des causes differentes, tandis qu'on tient pour primitives celles de λείπω et de ἔλειφα, de φεύγω et de πεφευγα?

7° En general, les verbes grecs ou l'on suppose qu'a eu lieu l'epenthese du *j* correspondent a des verbes sanskrits conjugues sur la cinquieme ou la neuvième classe, et non pas sur la quatrieme, comme on devrait s'y attendre.

8° L'analogie des adjectifs féminins comme μελαινα, τέρεινα me paraît sans conséquence, attendu que la diphthongue a probablement en pareil cas une origine en rapport avec celle de ου et ᾱ dans λύουσα et πᾶσα, πασαν, (cf. aussi παίσαν. etc.)

9° Un indice grave qu'on a meconnu, la veritable nature du suffixe *ya*, resulte

τέμνω, τέρπω, etc., sont pour *δαιρχομαι, *πλαικω, *ταιμνω, *ταιρπω [1]. L'adjonction d'un suffixe (κε, νε, πε) à des thèmes monosylla—biques a amené la disparition de ι, et l'affaiblissement de α en ε, comme le fait a eu lieu, en l'absence même de cette condition, pour δερω = δείρω, *δαιρω. Les aoristes simples ont partout gardé l'α, maintenu qu'il était par l'analogie des cas particuliers où rien ne l'obligeait à se transformer. Du reste, il s'est affaibli parfois en ε, comme dans ἔτεμον auprès de ἔταμον [2].

Je me résumerai en répétant que l'objet principal de ce travail a été, abstraction faite de l'exposé des objections auxquelles prêtent les théories courantes, d'attirer l'attention des linguistes sur le dualisme primitif du vocalisme radical et sur la double loi, tout à la fois proethnique et ethnique, qui semble avoir présidé à ces transformations : *élimination* de l'élément faible de la diphthongue *au* (racines sanskrites en *ur* auprès de celles en *ar*, chute du digamma ou plutôt de l'υ en grec) et *assimilation* de l'élément fort à l'élément faible (racines en *ù, u ; î, i*), avec *affaiblissement* coordonné ou distinct de chacun de ces éléments.

Une puissante raison de considérer *a priori* cette conception comme vraisemblable, c'est qu'elle suppose l'application d'une loi unique dans tout le domaine indo-européen en ce qui regarde l'évolution générale et particulière du phonétisme vocalique ; l'affaiblissement domine tout, et de toute part s'accomplit la translation de *au* à *o*, de *a* à *e*, et de *u* et *e* à *i*.

Reste à voir dans quelle mesure les faits justifient la théorie.

de la manière très naturelle dont s'expliquent plusieurs formes difficiles du moment ou l'on se place au point de vue de la transformation possible de *va (ua)* en *ya (ia)*. Exemples : σκολιός, pour *σκολϝος, auprès du lat. *curvus* ; lat *folium* pour *folvum* auprès du gr φυλλον — *ϝυλϝον et du sk. *pallava* ; ἐτεός, pour *ἐτεϝος auprès du sk. *satya*, pour *satva* ; κενεός (κεινος, κεννός), pour *κενϝος *καυνεϝος (cf. γαῦνος), auprès du sk. *cûnya* pour *cûnva* ; κραία et καρδία pour *καρζεϝα, *καρδεϝα, auprès du sk. *hṛdaya* pour *hṛdava et de l'all *herz*, etc.

[1] Cf. Les formes dialectiques τάμνω, τράπω, τράφω, etc.

[2] On peut admettre aussi que le ρ exerçait une influence conservatrice à son égard, ce que ne contredit pas l'exemple de θέρω, etc., qui, dans mon hypothèse, est pour *φειρω.

Ceux que j'ai réunis ici, et que j'aurais pu considérablement augmenter en ce qui concerne les radicaux, paraissent déjà bien concluants. On m'objectera, il est vrai, que mes preuves resteront insuffisantes tant que je n'aurai pas rendu compte des influences sous lesquelles s'exercent l'une et l'autre loi, et que je n'aurai pas fait intervenir les suffixes. J'en conviens ; mais, si l'on veut bien remarquer l'unanimité des langues indo-européennes à présenter l'*o* (ou l'*u*) comme finale des thèmes correspondants à ceux de la seconde déclinaison grecque, on pressentira que sur ce dernier point même les faits annoncent une réponse favorable [1]. Quoi qu'il en soit, à chaque jour suffit sa tâche, mais, si je réserve pour le moment cette partie de la question, l'heure ne tardera pas, je l'espère, où je pourrai la traiter à son tour.

[1] Je suis porte a considérer comme apparentes à cette voyelle l ω, l'*u* et l'o des presents grecs et latins en ω, υμι, *o*, ainsi que l'*i* dit de liaison du sanskrit et du latin.

Je relisais les dernieres epreuves de cette brochure quand m'est arrive — les provinciaux sont tard servis — la quatrieme partie des *Recherches morphologiques* de MM. Osthoff et Brugman. Je releve, en parcourant ce volume, des conclusions comme celles-ci · « *î* et *ü* indo-europeens sont issus de *ei, oi, ai, eu, ou, au*, anssi bien que de *ie, io, ia, ue, uo, ua*, devant des consonnes, dans les syllabes depourvues de l'accent principal (*hauptton*), par suite de l'assimilation de l'elément *a* à l'élément vocalique qui l'accompagnait » (p 282); — « *î* et *u* indo-européens sont restes longs quand la syllabe qui les contenait a garde l'accent secondaire (*nebenton*); ces voyelles se sont affaiblies en *i* et *u* quand, par une circonstance quelconque, cette syllabe est devenue atone. » p. 283 — « nous demontrons que les diphthongues *ei, eu, ai, au, oi, ou* sont descendues a, *i, u* » (p. 348).

Je n'ai pas besoin d'insister sur l'analogie de ces conclusions avec quelques-unes des miennes, ni sur l'appui qu'elles se prêtent entre elles par cela seul qu'elles decoulent de recherches absolument indépendantes les unes des autres et dirigees d'ailleurs d'apres des vues qui sont souvent diametralement opposées.

FIN

LYON. — IMP. PITRAT AINÉ, RUE GENTIL, 4.